NOBLE TABLE DESIGN

貴族もおもてなしできる
英国スタイルの
テーブルコーディネート

マユミ・チャップマン
Mayumi Chapman

清流出版

Introduction

ようこそ おもてなしの空間へ

日本の皆様、はじめまして

「English Garden Salon」を主宰していますマユミ・チャップマンです。テーブルデザインの本を通じて、こうして皆様にご挨拶できますことに心から喜びを感じています。

私は、イギリスの全寮制のフィニッシングスクールを卒業し、イギリスの「コンスタンス スプライ」でフラワーデザインのディプロマと、ロンドンのフローリストのディプロマを取得。フランスの「コルドンブルー」ではペイストリーデザインのグランドディプロマを取得し、1990年代にロンドンにてフィニッシングスクールを設立しました。私のスクールでは、約10年間、テーブルマナー＆デザイン、フラワーデザイン、ペイストリーデザインを教授。社交クラブであるロンドンのアメリカン・ウーマンズ・クラブでも、アフタヌーンティーのマナーの講師を担当しました。

2013年に、イギリス人の夫とともに日本に移り住み、現在は東京の「English Garden Salon」で、アフタヌーンティーのマナーとテーブルデザインのレッスンをしています。

フィニッシングスクールのクラスメートは、イタリア、ドイツ、フランスなどからの貴族のお嬢様たち。そのころ頻繁に行われたパーティは、ウィリアム皇太子も行かれたサンドハースト王立陸軍士官学校男子生徒たちとのダンスパーティ。そんな環境で育ち、結婚後は、主人の会社（1800年代からの歴史があるイギリスで一番古い投資会社）のお付き合いで、王室やさまざまな晩餐会に招待されることがあります。会社の同僚の方たちは、貴族や王族出身者で、また、同僚の奥様方の中には、チャールズ皇太子をお支えされる方々もいらっしゃいます。ロンドンの自宅はハロッズから徒歩3分の場所にあり、世界の

Introduction | ようこそ おもてなしの空間へ

最先端のインテリアデザインの勉強に役立ちました。ロンドンの自宅で友人たちをおもてなしすることは、私の生き甲斐の一つです。

どんな方もくつろげるおもてなし

　貴族の方とのお付き合いもありますが、私の強みは、王室の方からworker（英語の表現で職人さんや大工さんたちなどの総称）まで、どんなクラスの人たちともお付き合いができることだと思っています。ロンドンでは家のリフォームを何度も経験し、また家を実際に数回、売却しましたから、さまざまな職業、分野の人たちとお付き合いが必要でした。人間はそれぞれ何かしら得意な分野があるので、いろいろな方から学びがあると私は考えています。人間は皆平等という根底があるので、人を階級で判断しませんし、称号がある方だからと言って特別萎縮もしません。

　それは、おもてなしをするときにも言えることです。大切なのは、お客様が心からくつろいで過ごせる、ということ。本書は、「貴族もおもてなしできる」というサブタイトルがついていますが、これは、階級に関係なく、すべての方へのおもてなしの方法をお伝えしたい、という意味をこめています。

　イギリスでのおもてなしは、お客様をお招きするときに相手のバックグラウンドを考慮します。たとえば、私の主人の同僚は王室出身者や伝統的な貴族階級出身者、また知識階級の方々が多いのですが、お客様の好みなども心得てから招待します。このとき大事なのは、フォーマル、セミフォーマル、カジュア

ルの線引きをしっかりするということ。というのは、くつろげる空間づくりはお客様の好みやライフスタイルと切り離せないからです。

お洒落なおもてなしがよいとは限らない

　日本の方々は皆さん美しいものがお好きですから、お宅にある一番ご自慢の食器やグラスウェアを使っても、きっとお客様が喜んでくださるでしょう。

　ところが、イギリスでは違います。

　結婚したての頃のエピソードを一つ、ご紹介しましょう。当時住んでいたノッティング・ヒルのご近所の方をディナーにお呼びし、テーブルデコレーションをして楽しみに待っておりました。ところが、ご夫婦は、入ってこられた瞬間に嫌な顔をされました。

「こんなオシャレにしたら私たちは疲れるし、あなた方をわが家には呼べませんよ」「フラワーアレンジメントが凄すぎ」「こんな凄いケーキを作れないから、やはりお呼びできません」と言われる始末。このような苦い経験から、相手を知るということが、とても重要なことと確信しました。

　また、こんなエピソードもあります。

　あるカップルが、ご自宅でブラックタイ（正式なパーティやディナー）に私達を招待するというので、お受けすることにしました。

　お宅に伺うと、キッチンのテーブルで二人がブラックタイとロングドレスを着て待っていたのです。結局キッチンの中にあるカジュアルなパインのテーブルで、カジュアルな夕食をいただきました。私達夫婦はいつものよ

Introduction | ようこそ おもてなしの空間へ

うにワインとお花を持って伺いました。私達はお二人の気持ちをうれしく思いましたから、ダイニングルームでなくても大丈夫でしたし、その晩は美味しいお食事とウィットが効いた会話で楽しく過ごすことができました。

でも、ホストとホステスがブラックタイとロングドレスでクッキングしている姿は、なんだかチグハグでしたし、私が持参したお花がなければちょっと寂しいテーブルだったかもしれません。ふだんの生活の中では正式なパーティに出席するチャンスはあまりないため、この友人たちは着飾って特別な夜を演出したかったのだと思います。私達も文句も言わず、楽しく会話をする努力をしましたが、もう一組のカップルは、女性が美容院に行ったり、レンタルドレスを借りたり、とてもお金を使っていらしたためか、少しがっかりしていたようです。

お客様にリラックスしていただき、楽しんでいただくのが、本物のおもてなし。自分の持ち物や技術をひけらかすことではありません。それ以来、お客様の好みや情報を集めてから、テーブルデザインを考え、お招きすることにしています。

テーブルマナーは押しつけないように

私がホーランド・パークでフィニッシングスクールをしていたときは、ご近所に、ハプスブルグ家のレディ、元バミューダ総督などなど錚々たるメンバーがお住まいでした。彼らによくディナーにご招待されたり、また自宅にお招きしたりと、普通にお付き合いでき

たのは、テーブルマナー&デザインの知識のおかげだと思います（もちろん、私の主人が明るくて、コメディアンのような性格ということも大きいかもしれませんが）。

　私のテーブルデザインは、貴族や王族出身者から普通の方々まで広い分野の方々を、実際にロンドンの自宅にお呼びした経験を元に成り立っています。テーブルマナーは、テーブルデザインと深く結びついていますので、私のところに来る生徒さんたちには正式なテーブルマナーとデザインをお伝えしていますが、決してテーブルマナーは押しつけることではないというのが持論です。ですから、must、must not と言うことはありません。

　なぜなら、イギリスでは伝統的な家系の方ほど謙虚で威張らないということを、友人たちを見て知っているからです。そして、must、must notにこだわらない私のテーブルマナーが、実際に役に立っているからです。主人の関係でチャールズ皇太子のご自宅、セント・ジェームスパレスにお呼ばれしたときも、テーブルマナーに不安は感じず、素敵なディナーやピアノ演奏会を楽しむことができました。また、フォーマルなパーティの席で、友人たちからテーブルマナーやお料理の食べ方について意見を求められることもしばしばあります。

　テーブルマナーがいかに大切かは、実際に上流階級の方々とお付き合いをしたり、社交や仕事でフォーマルな場に招待されて初めて自覚することかもしれません。

ぜひインテリアに調和するテーブルを

　日本でも、最近はテーブルコーディネート関係の本がたくさん出ているようでうれしく思います。それだけ日本の皆様が、美しい食生活、食空間に興味を持たれている証拠ですね。イギリスではテーブルデザインの本はインテリア分野に属することが多いのですが、それはきっと食生活よりも住生活に重きを置いているからかもしれません。

　私のサロンにいらっしゃる生徒さんたちからよく言われるのは、「サロンの空間に入っただけで満足です。テーブルデザインを観ると癒されます」ということです。私は、セミフォーマルもカジュアルのテーブルデザインも、同じくらいエネルギーを注ぎます。たとえ住まいが完璧な環境でなくても、あまりお金をかけなくても、創意工夫やアイデアで空間を変えることは可能だからです。

　イギリス、特にロンドンが世界中の人を惹きつける魅力の一つに、インテリアデザインがあります。私のテーブルデザインには、そんなロンドンの特性が含まれているようです。私がテーブルデザインを考えるときはテーブルのみならず、全体の空間やインテリアとの調和を考えて色を決めます。そこにお花やケーキや食器、グラス、カトラリーを合わせます。そして私のコレクションの絵も、ときどき変えたりします。

　私が考えるロンドンスタイルのテーブルデザインは、同時にイギリスの階級社会の文化や最先端のインテリアデザインをもとに成立した、美意識の結晶と言えるかもしれません。

　今回、テーブルデザインの本を出版するにあたり、私の空間デザインの考え方や、おもてなしの姿勢が、日本の方々とは違った意味で新鮮に受け取っていただければ光栄です。上質な暮らしをするためのヒントを、少しでもこの本から感じ取っていただければうれしいです。

Introduction | ようこそ おもてなしの空間へ

くつろぎの時間をお楽しみください

Contents

002 Introduction
ようこそ おもてなしの空間へ

Table design

014 ブルーフラワーのテーブル
Blue flower table

020 ローズ アフタヌーンティー
ピンクのテーブル
Rosy afternoon tea Pink

026 ローズ アフタヌーンティー
赤のテーブル
Rosy afternoon tea Red

030 ノスタルジック アンティーク
Nostalgic antique

036 グルメメゾンのテーブル
Gourmet maison

050 クリスマスのテーブル
Christmas traditional design

058 クリスマスのテーブル
友人とともに
Christmas casual design

064 お正月のお茶会
New year tea party

068 イースターのテーブル
Easter table

076 アジアンリゾート
Asian resort style

080 フレンチカントリー
French country style

084 アフタヌーンティー
ビュッフェ
Buffet style for afternoon tea

090 珈琲のテーブル
Coffee table design

094 シャンパンのテーブル
Table for champagne

012　Noble table design
　　　貴族もおもてなしできる
　　　テーブルコーディネートとは？

042　Column
　　　テーブルセッティングの
　　　フランス式とイギリス式

043　Basic lesson
　　　**テーブルセッティングの基本と
　　　アイテムの揃え方**

　　　テーブルセッティングの基本
　　　プレート類の揃え方
　　　グラス類の揃え方／カトラリー類の揃え方
　　　リネン類の揃え方

072　Column
　　　おもてなしの心をこめて、
　　　手作りケーキのレシピ4種

　　　Fruit cake ／ Cup cake
　　　Banana cake/Banana bread ／ Cheese cake

097　Column
　　　シャンパンをいちばん
　　　飲んでいる国はどこ？

098　How to plan a table design
　　　**テーブルデザインの
　　　プランニング**

　Step 1　セミフォーマルか、カジュアルか
　　　　　おもてなしのスタイルを決める

　Step 2　空間のどの色、どの光を使うか？
　　　　　テーマカラーを決める

　Step 3　空間演出のテーマを決めて、
　　　　　ストーリーをつくる

　Step 4　テーマをもとに、食器、リネン、
　　　　　テーブルフラワーを決定する

　Step 5　ナプキンの色、畳み方を決定する

　Step 6　お料理、お菓子を決定する

　Step 7　わくわくする演出、
　　　　　サプライズを加える

　Point　デザインをお洒落に
　　　　　まとめるポイント

Noble table design

貴族もおもてなしできるテーブルコーディネートとは？

インテリア全体が調和していること

　テーブルのデザインはインテリアデザインの一部であると、私は考えています。テーブルという平面だけでなく、まわりをとりまく空間に存在する色、光、空気感、すべてが調和するようにコーディネートすること。それが、くつろげるおもてなしの空間づくりの第一歩です。特に色と光は大切な要素。「Colour scheme」の項目でポイントをお伝えします。

テーブルマナーが自然に守れるセッティングになっていること

　イントロダクションでもふれましたが、テーブルマナーとテーブルデザインは深く結びついています。フォーマルな席になるほど、気持ちよくお食事ができるようにマナーに沿ってセッティングがされているからです。グラスやカトラリーが正しく配置されていれば、ゲストは自然にふるまえます。見かけのためではなく、ゲストのためのセッティングが基本です。

セミフォーマルかカジュアルか、線引きがしっかりしていること

テーブルマナーとセッティングには決まりごとがありますが、カジュアルな席であれば、それほどルールに縛られることもありません。ゲストがどちらのおもてなしを好まれるか——マナーに沿ってコースでお食事をいただくセミフォーマルか、もう少しくだけたカジュアルか、どちらにするかを決めてから、テーブルをデザインすることが大切です。

テーブルには花とキャンドル、空間には音楽があること

主役の食器やお料理以外に、テーブルコーディネートに欠かせないもの。それは、テーブルフラワーとキャンドルです。いきいきとした生命の気を感じさせる生花と、なごやかな雰囲気をつくるキャンドルの灯りを、私は欠かさないようにしています。詳しい解説は「Table flowers」の項目でお伝えします。そして、おしゃべりを邪魔しない程度に音楽を流しましょう。

ゲストを楽しませるサプライズがあること

テーブルデザインの目的は、ゲストに楽しんでいただくこと。仕上げには、なにかしらサプライズになるものを必ず加えるようにしています。新鮮な印象がするもの、ハッと目をひきつけるもの、テーブルに物語を感じさせるもの……、驚きを与えるにはいろんな方法があります。サプライズを目にすると、人はウキウキと心が浮き立つもの。会話もはずむのです。

ブルーフラワーの
テーブル

Blue flower table

　もてなしを家庭でする場合、正式な晩餐会であるフォーマルスタイルにすることはほとんどありません。最上のおもてなしの心を表すには、クラシカルなセミフォーマルスタイルで、あらたまった雰囲気を楽しんでいただくのもよい方法の一つです。貴族をはじめ上流階級の方たちは、ノーブルな色としてブルーを好まれます。リモージュブルーがその代表格ですが、ここでは日本でも人気の高いロイヤルコペンハーゲンのブルーを基調にテーブルをデザインしてみました。シルバーウェアとの気品あふれる組み合わせは、落ち着いた優雅なひとときを過ごしたいゲストにぴったりです。

Blue flower table
ブルーフラワーのテーブル

Colour scheme

食器のブルーを基調に
濃淡で上品にまとめる

ロイヤルコペンハーゲンのブルーをキーカラーに、テーブルフラワーのデルフィニウム、紫陽花の色を合わせ、テーブルクロスとナプキンはその濃淡になるようにしました。テーブルクロスの淡い水色をテーブルランプのシェードにも繰り返すと、空間全体が美しくまとまります。

Table flowers

オーバルに広がるアレンジで
クラシカルエレガントを演出

テーブルの中央に飾るセンターピースは、オーバルなど幾何学的な形でシンメトリーにするのがイギリスの伝統的なスタイル。グリーンのマムが生き生きとした印象を加え、カーテンの色にも調和しています。サイドの花には鮮やかなブルーの紫陽花を。こちらはシンプルモダンなガラスの花瓶でアクセントを加えて。

Blue flower table
ブルーフラワーのテーブル

Sweets

ノーブルなブルーと、色の
相性抜群のチョコレートケーキ

スイーツは、デザインとしても美しいものを選んでいます。ブルーとの相性が美しいのは、チョコレート色。イギリス人が好むパウンドケーキにチョコレートをコーティングし、トップにアーモンドやクルミなどのナッツをちりばめて高級感を出しました。

Table wear

ハンドペイントの食器に
シルバーウェアを合わせて

大切なゲストには、格の高い食器で最高のおもてなしの心を伝えたいもの。陶磁器はハンドペイントのもの、カトラリーはシルバーウェアが格上になります。マッピン＆ウェッブの調味料入れのセットは、フォーマルな席でも使われるもの。会話の糸口に。

ローズ アフタヌーンティー

ピンクのテーブル

　　ギリス流のおもてなしとして日本でもたいへん人気のあるアフタヌーンティー。ここでは、1種の食器で2つの異なるテーブルデザインをしてみました。イギリスの国花であり、万人に愛されるローズは食器の柄としても人気で、この「オールドカントリーローズ」のシリーズは1962年の発売以来、世界でベストセラーになっているとか。1つめのテーブルは、バラの季節の華やぎを可愛らしい少女のイメージでまとめてみました。主役になる色は、食器をひきたてる淡い上品なピンク。リネンもテーブルフラワーもスイーツも同じピンクで揃え、夢見るような甘い雰囲気に仕上げました。

Colour scheme

ノーブルなピンクで
全体をまとめて

食器に使われている赤やピンクは少し強めの色なので、リネン類に同じ色を組み合わせると印象が強くなりすぎてしまいます。可憐な少女のイメージにしたいので、淡いペールピンクを主役に。面積の広いテーブルクロスにピンクを使って全体の印象を決め、ナプキン、花、スイーツも同じ色でまとめます。

ローズ アフタヌーンティー
ピンクのテーブル

Table flowers

丸いドーム状のラウンド形は
愛らしい雰囲気に

丸く形作るラウンドスタイルのアレンジメントは、イギリスの伝統的なデザインの一つ。テーマカラーのピンクの濃淡のバラと、同じピンクのサイネリア、アクセントにアプリコット色のバラを加えました。アクセントカラーは食器にも使われている1色を使うと効果的です。

ローズ アフタスーンティー
ピンクのテーブル

Table wear

アメリカ映画にもよく登場。
定番柄をフルセットで

ローズ アフタヌーンティーの主役はやはりバラ模様の食器。この「オールドカントリーローズ」はとてもポピュラーで、特にアメリカ人にとっては「イギリスを思わせる柄」として人気です。プリンセスストーリーの映画などでもよく見かけます。今回はディナーのセットをアフタヌーンティー用にセッティングしました。

Sweets

定番の焼き菓子を
流行のアイシングでおめかし

カップケーキ、マカロンタワー、アイシングがけのフルーツケーキを用意。アイシングはピンク色でまとめ、マカロンもラズベリーで色づけしました。アイシングは、いまアメリカとイギリスで大流行中。流行をスイーツで取り入れるのもよい方法。

ローズ アフタヌーンティー
赤のテーブル

Rosy Afternoon tea

　ローズアフタヌーンティーの2つめのテーブルは、対照的な赤のテーブルです。ピンクのテーブルと同じサロンの一角にしつらえましたが、こちらは差し込む光が弱いので、イギリスをはじめとした、ヨーロッパの冬のティータイムを表現してみました。ピンクの可憐な少女に対して、こちらはスタンダールの「赤と黒」のような、陰影のある大人の世界。強い色を使って、背の高いキャンドルホルダーや個性的なテーブルクロスで、ドラマチックに、モダンにデザインしてみました。同じ食器でも、テーブルデザインによってまったく違った空間を楽しめることが伝わると思います。

ローズ アフタヌーンティー
赤のテーブル

Table flowers

キャンドルスタンドの高い位置に印象的なシーンを

テーマカラーの赤のバラに、ニュアンスのあるアンティークカラーのカーネーションを合わせたモダンな印象のアレンジメント。キャンドルスタンドの高い位置に吸水性スポンジをセットし、そこに花を挿しています。目につく高さに花を飾ることで、いっそうドラマチックに。

Colour scheme

キャンドルの光に映える濃い赤をテーマカラーに

薄暗い空間にゆらめくキャンドルの光。その光に映えるのは、強く濃い色です。食器に使われているもっとも強い赤をベースに、リネン、花、スイーツにも赤を重ねました。テーブルクロスに使ったのは、実は張地用のインテリアファブリックス。光沢のある起毛素材が温かみを添えて。

Sweets

スイーツも全体に調和する赤とブラウンで

テーマカラーに合わせて赤のアイシングケーキと、チョコレートのスポンジにイチゴを飾ったケーキを用意しました。冬の午後、お散歩から帰ったあとに（イギリス人はお散歩が大好き）、熱々のスコーンズとスイーツでいただくアフタヌーンティーは、また格別の味わいです。

Nostalgic antique

ノスタルジック アンティーク

Colour scheme

やわらかい光に合う
パステルブルーを基調に

ノスタルジックな水色をテーマにしたテーブルの主役は、いまはもう作られていないウェッジウッドのエンボスドクイーンズウェア。プレートの白と水色の配色に合わせて、テーブルフラワーも白と水色のアレンジメントとドライの紫陽花に。チェックの織り模様の白いリネンが、微妙な光と影のニュアンスを与えて。

アンティークをテーマに、ノスタルジックな雰囲気にまとめたテーブルデザインです。キーになる水色は、私にとって少女のときの夢見る気分を思い出させる色。この部屋のやわらかくさす光に合うように、色あせたようなやさしいトーンで全体をまとめました。テーブルデザインの色を決めるとき、空間の光はとても重要な要素です。使う食器類は、アンティークのシルバーのティーセットやカトラリー、繊細な模様入りのグラスなど、クラシカルなモチーフをふんだんに使って。アンティークがお好きな方のおもてなしや、ともに過ごした時間を友人と懐かしみたいときに、いかがでしょうか。

Table flowers

クラシカルなセンターピースは グリーンにニュアンスをつけて

パステルブルーのデルフィニウムと白のバラを使ったセンターピースは、ガーデンポットに使われるクラシカルなアーン型の器にアレンジ。伝統的なデザインはたっぷりのフォリッジ（葉）を使うのがポイント。カラースキームに合うよう、ブルーがかったユーカリの葉を使っています。

Sweets

アクセントカラーにもなる チョコレートケーキを

パステルブルーと白のテーブルを印象づけるために選んだのは、ザッハトルテ。私が好んでつくるケーキの一つです。本場のウィーンのザッハトルテはアプリコットジャムをはさみますが、私はジャムは使わずコーヒーシロップのみ。そのほうが「ずっとノーブルな味」と好評です。

Table wear
アンティークのシルバーで エレガントに

ぶどうのレリーフがレース模様のようにエレガントな食器に合わせ、カトラリーはアンティークのマザーオブパール（白蝶貝）、グラスウェアには、繊細なレリーフ模様入りを。シルバーのティーセットは英国王室御用達のマッピン＆ウェッブです。ナプキンも女性的なフォルムに畳んで。

Nostalgic antique
ノスタルジック アンティーク

グルメメゾンのテーブル
Gourmet maison

フォアグラのパッケージにインスピレーションが閃いたテーブルデザインです。黒とパープルのキャンディ包み、この可愛さをお見せしたい！と考えました。「美味しいものを一緒に食べましょう」と、お客様をお招きするのも楽しいと思います。お洒落な包みはフランスの代表的なグルメメゾン、フォションのもの。黒とパープル、フレンチ、グルメをテーマにして、モダンなテーブルを演出しました。シャネルの香水風のオイル＆ビネガーなど、遊び心もプラス。キャンドルスタンドで高さを出すことで、ご馳走のどっさり感を引き立てつつ、立体的にすっきりと見せることができます。

Colour scheme

パープルと黒を
繰り返し、モダンに

基調になる色は、食品パッケージに使われていたパープルと黒。テーブルクロスを黒にして全体をシックにまとめ、テーブルフラワーやスイーツに鮮やかなパープルやピンクを繰り返しました。濃い色のデコレーションが、明るい光とのコントラストの中でよく映えます。

Table wear

ご馳走をひきたてるのは
シンプルフォルムの器

目にも美味しさを味わっていただきたいので、ご馳走をたくさん並べ、その分、食器はシンプルに。ベーシックな白いプレートに、バカラのモダンなグラスウェアを合わせました。アクセントに、ゴールドのカトラリーをフレンチスタイルでセッティング（42ページのコラム参照）。

グルメメゾンのテーブル

Table flowers

モダンなパリスタイルは
花だけでスタイリッシュに

艶やかなパープルやピンクの花は、デンドロビュームやパンダなどのオーキッドと、フレッシュな紫陽花、バラ。モダンなパリスタイルは、フォリッジ（葉）を使わないのがポイントです。代わりにフラワーベースをハランで巻いて茎を見せないようにアレンジ。高低差をつけてセンターに並べます。

Gourmet maison
グルメメゾンのテーブル

Food & sweets

美味しいフレンチを
たっぷり用意して

フレンチグルメがテーマなので、スターターはキャビア。一人ひとつずつセットすれば、それだけでワクワク感がアップします。あたたかいお料理はキッシュ、スイーツはラズベリーがたっぷりのったムースの生ケーキ。フォアグラに欠かせないブリオッシュもテーブルに並べて。

Column

テーブルセッティングのフランス式とイギリス式

セミフォーマルのテーブルデザインの場合、
カトラリーの置き方に2つのパターンがあることに気づかれた方も多いと思います。
1つは、写真左のようなカトラリーを裏返して置く方法。
もう1つは、写真右の、皆さんが見慣れていらっしゃるセッティングです。

実は、これはフランス式とイギリス式のテーブルセッティングの違いなのです。
日本では、イギリス式のテーブルセッティングが主流ですので
カトラリーを表に向ける方法が一般的ですが、
フランス式の正式なテーブルセッティングは、カトラリーを裏返しに置きます。

というのは、カトラリーはシルバーウェアを使うのが上流階級の習わしで、
かつてシルバーウェアは「富の象徴」でもありました。
シルバーウェアには、その品質を保証する刻印が必ず裏に押されており、
それが見えるように置くようになったというのが由来です。

ルイ王朝の時代のフランスは、ヨーロッパでも随一の裕福な国でした。
そのころの貴族は、純金製のカトラリーを使うこともあったとか。
ルイ王朝の華やかな宮廷文化は、ヨーロッパの王室、宮廷に広まっていったのですが、
イギリスでは、なぜかカトラリーのセッティングは逆になりました。

フランスとイギリスは、国家として長いライバル関係にありましたから
フランスのものをそのまま取り入れない、ということが、時折、起こるようです。
イギリスではフランス式とは異なる、ということが
テーブルセッティングの決まりの中にもいくつかあります。

とはいえ、厳格な決まりごとはフォーマルな席では守るべきかもしれませんが、
日常のおもてなしでは、デザインとして取り入れてもよいと思います。
この本の中でも、テーマに合わせてフランス式かイギリス式かを選んでいます。

Basic lesson

テーブルセッティングの基本と
アイテムの揃え方

イントロダクションでもお伝えしたとおり、
テーブルマナーとテーブルデザインは深い結びつきがあります。
また、テーブルマナーは、おもてなしの席の格式
〜フォーマルかセミフォーマルかカジュアルか〜によって変わるものです。
つまり、格式にあったマナーがあってデザインがあるということ。
ここでは、格式とセッティングの基本をお伝えしながら、
おもてなしに揃えたいアイテムをご紹介します。

テーブルセッティングの基本

フォーマルな席では、
グラスもカトラリーもフルセット

　家庭でのおもてなしの場合、フォーマルスタイルにすることはほとんどありませんが、ここでは、フォーマル、セミフォーマル、カジュアルのテーブルセッティングをまずご説明しましょう。

　正式な晩餐会などフォーマルなテーブルでは、カトラリーとグラスは使用するものすべてがあらかじめセットされています。カトラリーは外側からアミューズ用、スターター（前菜）用、メイン用と並びます。グラスは、左からゴブレット、シャンパン用、白ワイン用、赤ワイン用、デザートワイン用です。水を入れるゴブレットは、最近ではいちばん左端にセットされることが多くなりました。デザート用のカトラリーは、お食事のコースが終わった後にあらためてセットされます。

セミフォーマル、カジュアルでは
簡略化してもOK

　セミフォーマルのテーブルでは、デザート用のカトラリーはプレートの奥にあらかじめセットされ、グラスも水用のゴブレット、白ワイン用、赤ワイン用の3つになります。お料理のコースに合わせたものだけになるイメージです。カジュアルスタイルだともっと簡略化してOK。カトラリーは同じものを使い、ワイングラスも白と赤の兼用に。

フォーマルスタイルのセッティング

供される食事に従った配置にするのが原則。カトラリーの数が多いときは、段差をつけてセットすることも。グラスは、直線に並べるだけではなく、取りやすいように右にいくほど手前に近く並べる方法もあります。

**セミフォーマルの
セッティング**

セミフォーマルでは、デザート用のカトラリーがセットされていることも。グラスは写真のように三角形に並べることもあります。

**カジュアルの
セッティング**

カトラリーもグラスも兼用にした気軽なセッティング。カトラリーはナプキンやプレートの上にまとめてセットすることもあります。

プレート類の揃え方

お料理が美しく見える白のプレートが基本

　フォーマルなおもてなしの場では、お料理を盛りつけるプレートは白い磁器の高級品です。ハンドペイントされた絵皿がセットされていることもありますが、それはお食事の前の"目のご馳走"。ディナーのスタートとともに下げられ、白いプレートにかわります。セミフォーマルでもカジュアルでも、プレートの考え方は基本的には同じですが、お客様の趣味や、テーブルデザインに合わせて絵皿を楽しんでもよいと思います。

基本のプレートは2サイズ フルセット揃える必要はない

　フォーマルな席では、コースごとにお皿を替えます。スターター、メイン、デザートの3コースが基本になりますが、セミフォーマルではスターターとデザートのプレートを兼用にしてもよいと思います。ディナープレートとデザートプレートの2つの大きさのプレートがあれば、コースでおもてなしすることができます。

　初めておもてなし用のプレートを揃える場合には、やはりお料理が映える白いプレートから揃えましょう。絵皿にするならリムにラインが入ったものや模様のあるものは、お料理にも合わせやすいと思います。

　枚数は、自宅でおもてなしする人数に合わせればOKです。テーブルが4人掛けなら4セット、6人掛けなら6セットという具合です。同じシリーズで揃える必要もありません。

フォーマル
ヘレンドなどの高級ブランドの絵皿はお食事の前のセッティングに使われることが多い。食事用は白が原則。

セミフォーマル
白い磁器という決まりごとはありません。ハンドペイントのもののほうが格上とされます。

カジュアル
決まりごとはありません。お料理に合わせやすいのは写真のようなリムに絵のあるもの。

グラス類の揃え方

コースでおもてなしするなら
セミフォーマルのセットを用意

　グラス類のセッティングも、基本は供される飲み物のグラスをすべてセットします。フォーマルな場では、食前酒としてシャンパン（以前はシェリー酒でした）、白ワイン、赤ワインと続き、食後酒（主にポートワイン）用のグラスまでを並べ、さらにお水用のゴブレットを左端にセットします。

　ご家庭では3コースに対応できる、白ワイン、赤ワイン、水用のゴブレットがあれば十分です。もう少しカジュアルなおもてなしなら、ワイングラス1つを赤白兼用にしてもOK。ワイングラスはいろいろな種類がありますが、ご自分が扱いやすいものをお好みで選んで構わないと思います。

アクセントに使える
カラーグラス

　私のテーブルデザインには、よく濃いブルーのグラスが登場しますが、これは私自身がブルーが好きなことと、このブルーのグラスをヨーロッパのレストランでよく見かけて使いやすそうだと思い、購入しました。実際、テーブルのカラーコーディネートをするときにも重宝しているので、ご自分のインテリアに合う色、食器に合う色のカラーグラスを取り入れるのも面白いと思います。

フォーマルのセット

フォーマルな席では、グラスは飲み物によって形状が違います。並べ方は44ページのように斜めに置く方法と、一直線に並べる方法があります。

セミフォーマルのセット

基本のグラスは、この3点。ワイングラスは2種類あるほうがおもてなし感もアップします。

カジュアルのセット

気軽なおもてなしなら、ワイングラスは兼用に。水用のゴブレットは別に用意します。タンブラーでもOKです。

カトラリー類の揃え方

コース料理にする場合は
料理に合うカトラリーをセット

　42ページのコラムでもご紹介しましたが、純銀の食器やカトラリーは、上流階級では代々受け継がれている財産の一つです。シルバーのカトラリーをセッティングするのは、最上級のおもてなしになります。フランスではまれに24金のカトラリーに出会うこともあります。

　グラス同様カトラリーも、コースの順番やマナーに合わせて専用のものをセッティングするのが基本です。順番どおり料理に合わせてセットされていれば、いちいち確かめる必要はありません。カトラリーはテーブルの縁に沿って一直線に並べる方法と、44ページのように段差をつけて並べる方法とがあります。段差をつけるのは数の多いカトラリーを取りやすく並べるため。これも、気持ちよく使えるようにという配慮が先にあるわけです。

家庭でのおもてなしは
ステンレスのセットで

　自宅にお招きするときは、もちろんステンレスのセットでも問題はありません。カジュアルなスタイルでは、兼用でも構いませんし、ほとんど決まりごともないので、ご自分が使いやすいデザインのものを揃えればよいと思います。

フォーマルのセット
コースの料理に合わせたカトラリーを揃えるのが基本。デザインでゴールド色を使うことも。

セミフォーマルのセット
デザート用のナイフ、フォークもセッティング。コースでおもてなしする場合はセットのカトラリーがあると便利。

カジュアルのセット
お好みのデザインでOK。ナイフ、フォークをまとめて置くときは、プレートの左側に置くことが多い。

リネン類の揃え方

テーブルクロスはまず1枚
無地の織柄のものを

　テーブルクロスなどのリネン類は、背景を整えてくれるアイテムです。

　フォーマルな席では、白のダマスク織のテーブルクロスを使います。セミフォーマルでも、無地か無地の織柄のものを使うのが基本で、柄模様のあるものはそれだけでカジュアルなテーブルになります。最初の1枚は、無地のものを選ぶとよいでしょう。色は、食器の色に合わせるか、インテリアの色に合わせておくと、デザインがしやすくなります。

意外に手入れが必要なもの
かけられる手間を考慮して

　テーブルクロスは、色やテクスチャーでいろいろな演出ができる便利なアイテムですが、毎回、アイロンがけが必要だったり、ワインのしみやキャンドルのロウなどがつくとケアが大変だったり、手入れが必要なものでもあります。特に白のリネンは必ず黄ばんできますし、しみがつくと目立ちやすいため、一生ものというわけにはいきません。ご自分がどこまでケアできるかも、選ぶときに考慮されるとよいと思います。

　リネン類のケアに気を使うよりもおもてなしを楽しみたい、という方は、テーブルクロスは基本の1枚を用意して、テーブルマットなどでデザインを楽しむ方法もあります。

フォーマルなおもてなしのテーブルは、白のダマスク織のリネン（亜麻）製のものを使います。しみがつきやすいので管理にも気を配って。

食器の色に合わせて。絵つけの中の1色からクロスの色を選んでおくと、コーディネートが簡単です。この写真では濃淡のグラデーションになるように合わせています。

インテリアの色に合わせて。インテリアのテーマカラーが決まっている場合は、それに合わせたテーブルクロスを用意するのもいい方法。空間に美しく調和します。

クリスマスのテーブル

Christmas traditional table

　　クリスマスは、キリスト教国では特別なお祝いの日の一つです。それはキリストの降誕を祝う日であるとともに、自然の節目でもある冬至を祝う先史宗教とも深く結びついています。日本ではカップルで過ごす日として注目されがちですが、イギリスでは家族みんなが集まる日。モミの木のツリーの下には、家族へのプレゼントを飾り、25日はお昼過ぎから家族でテーブルを囲んで、ゆっくりとディナーを楽しみます。このテーブルデザインは、そんな伝統的なスタイルを意識しつつ、新鮮さも感じられるようにモダンにアレンジ。そのさじ加減がワクワクを演出するポイントです。

Colour scheme

高貴な色パープルと
ゴールドで華やかさを

クリスマスカラーの定番は赤とグリーンですが、テーブルウェアに使われているゴールドをメインにパープルを合わせ、シックにまとめました。パープルは高貴なイメージのある色。エレガントな花、オーキッドを取り入れると、華やかで気品のあるテーブルになります。

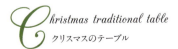

Christmas traditional table
クリスマスのテーブル

Table wear

特別な日を祝うのに
ふさわしい食器で

クリスマス・ディナーには一番いい食器を使うのが習わし。ここでは、ホワイトハウスの正餐用と同じ、ウェッジウッドのコロンビア ターコイズを使いました。お皿の金彩に合わせて、カトラリーもドイツ製のゴールドカラーのものを。金線入りのボヘミアングラスとシュピゲラウのグラスを合わせました。

Table flowers

キャンドルスタンドにアレンジして高さを

クリスマスのエバーグリーンは永遠の生命の象徴。ヒノキやヒバをたっぷり使った伝統的なスタイルですが、キャンドルスタンドを使って高さを出し、モダンな印象に仕上げました。ゴールドに塗った松ぼっくりやシナモンスティックをあしらって、クリスマスの楽しさをプラスして。

Christmas traditional table
クリスマスのテーブル

Food & sweets

伝統的な料理とお菓子に ちょっとひねりをきかせて

イギリスでは、クリスマス料理の定番はターキーかチキンのロースト。デザートには写真左のミンスパイとクリスマスプディングをいただきます。伝統のクリスマスプディングのかわりにアイシングとマカロンでデコレーションしたケーキを用意。流行のお菓子が加わると新鮮な気分に。

もっと気軽に友人たちと楽しむクリスマスには、こんなテーブルデザインはいかがでしょうか。大ヒットした映画「アナと雪の女王」をイメージした、カジュアルなコーディネートです。使っている食器もリネンも、お手持ちのものでOK。テーブルフラワーやデコレーションの小物も、手軽に手に入るもので演出してみました。テーブルデザインは、ゲストとともに楽しく過ごす、おもてなしの心を表すもの。特別にお金をかけなくても、ゲストに喜んでもらえる空間をつくればよいのです。雪の北欧のクリスマスをイメージした演出は、きっと会話の糸口となって、なごやかな時間をつむいでくれるはずです。

クリスマスのテーブル
友人とともに
Christmas casual design

白を基調としたサロンにさす光から、雪の世界のイメージが浮かびました。テーマカラーは白とシルバー。食器やキャンドル、テーブルフラワーは白で、テーブルクロスやカトラリー、演出に使ったツリーや雪の結晶のモチーフはシルバーで統一。シンプルでつくりやすいカラースキームです。

Colour scheme
やわらかな光のさす空間に
映える白とシルバー

Christmas casual design
クリスマスのテーブル
友人とともに

Table wear
白のプレート＋カトラリー
テーブルマットで気軽に

ノリタケの白い食器にステンレス製のカトラリー、テーブルクロスには樹脂製のテーブルマットを敷いて。「どうぞ気楽に過ごして」という気取りのなさが、カジュアルなテーブルのよさの一つです。シャンパングラスをセットすれば、お祝い気分も盛り上がります。

Table flowers

アレンジメントでなく、鉢植えの花でもOK

カジュアルな場では、フラワーアレンジメントにこだわる必要はありません。ここではシクラメンの鉢植えをブリキのポットに入れて飾りました。鉢植えの花なら、アレンジメントができなくても手軽に用意できますね。その分、ポットカバーに入れるひと手間をかけて。

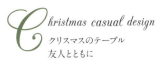

Christmas casual design
クリスマスのテーブル
友人とともに

Sweets

北欧風のケーキで小さなサプライズ！

テーマに合わせて、スウェーデンのフルーツケーキを用意しました。クリスマスのお菓子は、ヨーロッパでも各国で違います。ドイツのシュトーレン、フランスのブッシュ・ド・ノエル、オーストリアのクグロフなど。ふだんと違うお菓子を用意するのも、小さなサプライズの演出に。

お正月のお茶会
New year tea party

モダンジャパニーズをイメージしたテーブルデザインです。イギリス人の考える日本のイメージは、ラッカー＝漆。ヨーロッパでは漆は高級品で、漆塗りの桐たんすは日本風のインテリアデザインとしても好まれています。ここでは、黒の漆をキーカラーに、赤をポイントに効かせて、日本のお正月の凛とした華やぎをモダンに表現してみました。目を引く燭台は、江戸時代のアンティーク。朱塗りだったものを黒漆に塗り替えました。おせち料理をいただく席というよりは、美しい和菓子を楽しむお茶会のイメージ。イギリス流にシャンパンと一緒にいただくセッティングにしています。

Table flowers

お重箱にフレンチ風の
ボックスアレンジ

フレンチスタイルのモダンな印象にしたかったので、お重箱にバラ、ダリア、グリーンボールなどをアレンジ。ポイントに松葉を入れました。アクセントカラーの赤には日本の清々しいお正月を感じさせるフレッシュグリーンが好相性。グリーンは濃淡を使うのがポイントです。

New year tea party
お正月のお茶会

Table wear

漆の黒、朱、シルバーの
テーブルウェアで揃えて

テーブルウェアはすべて漆塗りのもので統一。お菓子を入れた蓋付きの器もシルバー色の漆塗りで、テーブルマットとコースターもお揃いです。お椀は、セットプレートとして見せる演出に使いました。朱塗りのお箸と箸置きがアクセントカラーになっています。

Sweets

美しい上生菓子は
日本の優雅さの象徴

このテーブルの主役は、この上生菓子かもしれません。おごそかな雰囲気で和菓子とお抹茶をいただくことが、私にとっての優雅な過ごし方。京都に行くときは必ず、和菓子をいただくことにしています。その楽しい時間を味わっていただきたくて、色鮮やかな上生菓子を用意しました。

Colour scheme

黒×シルバーに
アクセントの赤をきかせて

テーマカラーは漆の黒とシルバー。テーブルクロスはシルバーの布の上に黒を重ね、器も黒とシルバーで。64ページの写真でもわかるように黒のたんす、シルバーのカーテンと、空間全体とも調和させています。そこに花と和菓子、お箸で、ピリッと赤をきかせるのがポイントです。

イースターのテーブル

Easter table

ヨーロッパの春の祝祭の日と言えば、イースター（復活祭）。キリストの復活を祝うお祭りです。春の訪れを祝う先史宗教の流れもあり、繁栄を意味する卵やうさぎ（多産の動物）をモチーフに使います。キリスト教国では、イースター休暇になることが多く、イギリスに住んでいるときは国内旅行をしたりしました。日本では、春を象徴するイエローや紫などのデコレーションをよく見かけますが、ヨーロッパでは国によって色が異なりますし、とらわれずにデザインします。大人っぽい印象を与えるシャビーシックなデザインにしてみました。

シャビーシックなテーブルのために選んだのは、ざっくりと編まれたアタ素材のセットプレート。ピーターラビットのプレートを重ねました。ナプキンも耳がかわいいうさぎ形に。カジュアルなテーブルなので、カトラリーもまとめてプレートの上にセットします。

Table wear
ピーターラビットに
うさぎ形のナプキン

*E*aster table
イースターのテーブル

Colour scheme

シャビーシックは
素材の色がポイント

シャビーシックのこなれたお洒落さは、使い込まれたような素材感がポイントです。ここでは、バスケット、ブリキなどがキーになります。素材の色をうまく使って、ベージュからブラウンのグラデーションと、くすんだティンカラーでまとめました。お花の色で春らしさをプラス。

Table flowers

寄せ植えやハーブで
シンプルカジュアルに

春一番の花は、球根植物の花です。ヒヤシンスやラナンキュラスの寄せ植えと、チューリップの鉢植えでカジュアルに。キャンドルを入れた空きびんには、庭で摘んできたローズマリーの枝をひと巻きして。シャビーシックにはラフな感じが合います。

Column
おもてなしの心をこめて、手作りケーキのレシピ４種

Fruit cake

フルーツケーキ／スコットランドのダンディーケーキの中身と同じケーキ

チャールズ皇太子の結婚式の引き出物にもなったというダンディーケーキはドライフルーツがたっぷり入った、スコットランドの伝統的な焼き菓子です。ダンディーケーキはアーモンドを飾って焼きあげますが、シンプルなフルーツケーキに仕上げ、アイシングとマカロンでデコレーションしました。

〈材料〉
バター ……………………………… 175 g
砂糖 ………………………………… 175 g
卵 …………………………………… 3 個
小麦粉 ……………………………… 250 g
ベーキングパウダー ……………… 大さじ 2
ミックスドライフルーツ ………… 200 g
シェリー（またはリカー）……… 少々
アイシングシュガー、マカロン … 適量

〈作り方〉
1. ケーキ型にバター（分量外）を塗っておく。
2. バターを小さくキューブ状にカットし、大きなボウルの中に砂糖とともに入れる。
3. 小さいボウルに卵を入れ溶いておく。
4. 2 をクリーム状になるまで泡だて器で混ぜる。
5. 3 の卵を 4 に少しずつ加え混ぜる。
6. ふるった小麦粉とベーキングパウダーを 5 に入れる。
7. ミックスフルーツを 6 に加え、混ぜる。
8. シェリーまたはリカーを 7 に混ぜる。
9. 上記をケーキ型に流し入れる。
10. 180 度で 70 〜 90 分くらいオーブンで焼く（オーブンにより焼き時間を調整してください）。

Cup cake

ラズベリーとピスタチオのカップケーキ

色とりどりのクリームで飾られたカップケーキは、見た目もキュート。もともとアメリカのお菓子ですが、近年イギリスでも大流行しました。ラズベリーをたっぷり加えた生地は、ほんのり甘酸っぱい味に。お好みのトッピングを加えてどうぞ。

〈材料〉12 個分
バター ························· 250 g
砂糖 ························· 300 g
卵 ··························· 4 個
小麦粉 ······················· 440 g
アーモンドパウダー ············ 200 g
ラズベリー ···················· 300 g
シナモンパウダー ··············· 小さじ 1
牛乳 ························· 100 g
細かく刻んだピスタチオ ·········· 大さじ 2
生クリームなどのトッピングはお好みで

〈作り方〉
1. オーブンを 175 度に温めておく。
2. 12 個分のカップケーキ型かマフィン型に、ペーパーケースを入れるかバター(分量外)を塗っておく。
3. バターと砂糖を大きなボウルの中で混ぜ合わせ、クリーム状にする。
4. 卵は溶いて 3 に加え混ぜ、小麦粉とアーモンドパウダーも加えて混ぜる。
5. ラズベリーとシナモンパウダー、牛乳を加え、静かに混ぜる。
6. 5 をケーキ型に流し込み、最後にピスタチオをかけて、オーブンで 20 〜 25 分くらいゴールデンブラウンの焼き色になるまで焼く。

Banana cake/ Banana bread

バナナケーキ／バナナブレッド

とても簡単で、お菓子を焼き慣れていない人でも失敗が少なく、嫌いという方もほとんどいない、おすすめのケーキです。カップケーキと同様、アメリカの素朴な焼き菓子。カジュアルなおもてなしのテーブルに、ぴったりです。

〈材料〉
バナナ……………………………… 2本
レモン汁…………………………… 小さじ2
砂糖………………………………… 130 g
小麦粉……………………………… 130 g
ベーキングパウダー……………… 小さじ1
サラダオイル……………………… 20 g
卵…………………………………… 4個
エディブルフラワー適量

〈作り方〉
1. オーブンを180度に温めておく。
2. ボウルの中でバナナを潰して、レモン汁をかけておく。
3. 卵に砂糖を入れ、少しずつ硬くなるまで混ぜる。
4. 3にベーキングパウダーと、小麦粉を少しずつふるいながら混ぜる。
5. 2とサラダオイルを4に加え混ぜる。
6. ケーキ型の中に5を流し込み、180度で40〜50分ほど焼く(オーブンにより焼き時間を調整してください)。

Cheese cake
ハート形チーズケーキ

たっぷりのチーズのコクと、さわやかなヨーグルトの風味でいただくベイクドチーズケーキのレシピです。小麦粉を少なめにすることで、ふんわりとした食感に。縁だけが立ちあがるのでハート形がくっきり。中にはフルーツをたっぷり盛って。

〈材料〉
クリームチーズ……………………200 g
砂糖…………………………………60 g
卵……………………………………2 個
小麦粉………………………………40 g
ヨーグルト…………………………100 g
レモン汁……………………………大さじ 2
無塩バター…………………………20 g
イチゴ、ブルーベリー、ラズベリーなどのベリー類、ミントの葉適量

〈作り方〉
1. ハート形のケーキ型の底にオープンペーパーを切り抜いて敷く。
2. ボウルにクリームチーズを入れて泡だて器で混ぜ、なめらかになったら、砂糖を加え混ぜる。
3. 卵は溶いて、2 に加え混ぜる。
4. 小麦粉をふるって 3 に入れ、ヨーグルト、レモン汁も加え混ぜる。
5. 無塩バターを溶かし、4 に加えて混ぜ、1 に流し入れる。
6. 180 度のオーブンで約 40 分焼く。
7. ケーキ型から外して粗熱をとり、冷蔵庫で冷やしてからベリー類を飾る。

Asian resort style

アジアンリゾート

ヨーロッパ人がエキゾチックに感じるのは、中東や東南アジアのもの。東南アジアではタイとインドネシアの人気が高く、リゾートに出かけたり、家具をインテリアに取り入れることが流行しました。ここでは、東南アジア特有のしっとりとした空気感のあるテーブルをデザイン。東南アジアのものを揃えたわけではありませんが、みずみずしくシャイニーなグリーンと黒をテーマカラーに、ブッダのオブジェや鳥かご、バスケットに入ったフルーツなどで、南国の雰囲気を演出しました。涼しげなガラステーブルにカジュアルにしつらえれば、夏の日のゆったりとしたランチに似合うと思います。

Asian resort style
アジアンリゾート

Colour scheme
メタリックなグリーンで南国の空気と光を感じさせて

東南アジアのイメージと言えば、独特の湿気と匂い。水分をたっぷり含んだような空気は、つややかな光を放つグリーンで表現しました。合わせる色は強い日差しがつくる影の色＝黒。グラスやテーブルセンター、マットなどで全体にグリーンの印象をつくり、ポイントに黒をきかせて。

Table wear
色をしっかり合わせてミックスのコーディネート

黒地に白の花模様が描かれたカップ＆ソーサーはロイヤル・アルバート、ゴールドのカトラリーはドイツ製です。このテーブルでは東南アジア製の食器は使っていませんが、色みをしっかり合わせれば、デザインや国が異なってもOK。逆にグリーンでも合わない色みは違和感になります。

Table flowers

あえてシンプルな
モダンスタイルで印象的に

主役の花は、白のアマリリス。ヨーロッパの花ですが、大きく花が開くと南国のイメージを醸し出す花です。赤銅色のドラセナを背景にして、すっきりと高くアレンジ。テーブルフラワーで高さを出したので、オブジェやキャンドルは低くしてバランスをとっています。

フレンチカントリー
French country style

日本でのフレンチカントリーは、白のシャビーシックなイメージですが、フランス人は実は色彩感覚が華やか。フレンチカントリーと言えば、この赤のトワレ柄の陶磁器が思い浮かびます。フレンチスタイルのオープンシェルフにもプレートを飾って、田舎の大きなキッチンの中にある、のびのびとしたテーブルを表現してみました。ポイントはやわらかな光と、ふわっとしたやさしい色使い。田舎の古い家は窓が小さめで、差し込む光もやわらか。レースのナプキンやマットを合わせたら、包まれるような心地よさのある空間ができあがりました。

Table flowers

やさしいピンクのバラを
ブーケのようにアレンジ

ピンクのバラとトルコキキョウ、アイビーをフレンチスタイルのブーケのようにアレンジしました。ブリキのバケツで、カントリー風のシャビーな質感をプラス。主役のプレートは遠目から見たときはピンクに見えるので、その色に花の色を合わせるのがポイントです。

French country style
フレンチカントリー

Sweets

ピンクのカップケーキは
雰囲気もスイートに

手軽に作れて見た目にも可愛いカップケーキは、カジュアルなおもてなしにぴったり。アメリカ生まれのお菓子ですが、アメリカ人が考えるフレンチのイメージは、このクリームでデコレーションしたカップケーキなんです。スタンドに立体的に飾ると、ワクワク感もアップします。

Colour scheme

ピンク&ホワイトで
やさしく上品に

赤の絵つけの陶器は、少し離れたところから見るとピンクに見えるので、全体のカラースキームも同じピンクとクリーミーな白に統一。ブリキやテーブルトップのグレイッシュな色がピリッと引き締め色になって、甘い色合わせでも子どもっぽくならず、上品にまとまりました。

Table wear

ぽってりとした質感で
全体をまとめて

イギリス製のプレートのぽってりとした質感に合わせて、グラスやキャンドルスタンドもボリュームのあるものを合わせました。グラスはバカラのベガシリーズ。あえてモダンなデザインのものを加えることで、テーブルにほどよい洗練と、華やぎが生まれます。

カジュアルなおもてなしでは、リビングのコーヒーテーブルを使うのもよいと思います。ロンドンでは、ダイニングルームではなく、リビングのコーヒーテーブルでおもてなしを受けたこともしばしば。日本の由緒ある家のご出身の方が、リビングでカジュアルなたこ焼きパーティをしてくださったこともよい思い出です。アフタヌーンティーは、そもそもは、暖炉の前にティーテーブルを置いて少人数でお茶を楽しむスタイルでした。リビングのテーブルで、こんな風にビュッフェスタイルにしても楽しいのでは？ お好きなスイーツをお好きなだけ取り分けて、あとはおしゃべりに花を咲かせましょう。

アフタヌーンティー
ビュッフェ

Buffet style for afternoon tea

Colour scheme

**ベリーやエディブルフラワーの
フレッシュな色合い**

リビングの暖炉の前のソファコーナーは、籐のコーヒーテーブルを置いたナチュラルモダンな空間です。カーテンのグリーンをメインに、フレッシュなグリーン、各種のベリー、エディブルフラワーを色として合わせました。全体の色は抑えめにして、食べ物の色をアクセントに。

Table wear

**春の生命感が伝わる
ワイルドストロベリー**

キーカラーでもあるグリーンを使った食器として、ウェッジウッドのワイルドストロベリーを選びました。イギリスには本当にワイルドストロベリーが自生していて、自然の春の恵みを感じさせます。季節感も色も、エディブルフラワーやベリーを使った食べ物にぴったり合っています。

Table flowers
長方形のアレンジで
モダンな印象をプラス

ワイルドストロベリーの食器は、少しオールドファッションでカントリー調なので、センターピースにはフレンチっぽいモダンなアレンジを合わせました。フレッシュグリーンのマムとカラー、差し色にはアプリコット色のガーベラとバラを合わせ、グリーンもたっぷりと。モダンなもの、洗練されたものを加える工夫をすれば、お手持ちの食器を買い替えなくても新鮮なデザインが楽しめます。

Buffet style for afternoon tea
アフタヌーンティー ビュッフェ

Sweets

バラエティに富んだ味を
サプライズの盛りつけで

食べ物はタイプの異なるものをいろいろ用意しました。エディブルフラワーを飾ったバナナブレッドは、万人に好まれる味。スコーンズは抹茶味とシナモン味にしました。サンドイッチはきゅうりとイチゴの彩りがきれいなオープンサンドに。ハート形のケーキはチーズケーキです。

珈琲のテーブル
Coffee table design

　コーヒーの文化をトルコからヨーロッパにもたらしたのは、オーストリアのハプスブルグ家と言われています。そのため、いまでもオーストリアではコーヒーへの思い入れがひとしおで、オーストリア航空に乗ったときバリスタがコーヒーをいれてくれたことも。紅茶が伝わるずっと前に、貴族の飲み物として広まったコーヒー。オーストリア貴族にならってコーヒーのテーブルでおもてなしをするのも、優雅なひとときになると思います。ここでは、オーストリアに縁の深いルイ16世スタイルのアンティークチェアに、バーレーンで出合ったレースのトップクロスを合わせました。

Sweets

つまめるサイズの小さなお菓子をいくつか用意

上のプレートから、ヌガー、カヌレ、抹茶味のスコーンズを用意。ヌガーはフランスの貴族の方が好むお菓子です。お菓子の由来はさまざまですが、つまめるサイズにすることがポイント。面白い仕掛けになっているイギリス製のスコーンディッシュに盛りつけて、話題性もプラス。

Coffee table design
珈琲のテーブル

Table flowers

主役のプレートの柄が見えるように端に寄せて

ここでの主役は、花器にしたヘレンドの食器の美しいハンドペイントです。お花は引き立て役なので、バラとグリーンのマムを短く、端に寄せるようにアレンジしました。低いコーヒーテーブルは、目線が上からになるので、お客様の目にどう映るかを考えて活けるようにします。

Table wear

オーストリアに縁りの食器で
テーブルの雰囲気づくり

特徴あるグリーンが印象的な磁器は、オーストリア王室が開いた窯・ヘレンドの「インドの花」。コーヒーテーブルをぐっと格上げしてくれます。テーブルクロスの上にかけた、中東の刺繍入りのトップクロスが磁器の模様と調和して、繊細な美しさを引き立てています。

Colour scheme

ゴールド&シルバーで
華やぎを出して

磁器のグリーンをアクセントカラーに、シルバーウェアと金彩のゴールドのきらめき感を主役にしたカラースキームです。刺繍糸の控えめな輝きも、このカラースキームにぴったり。全体に色は抑えめですが、ゴールドやシルバーのきらめきは、強く印象に残ることと思います。

シャンパンのテーブル
Table for champagne

Colour scheme
**シルバーウェアと白で
すっきりと上品に**

トレーやキャビアのディッシュ、2段のスタンドなどシルバーウェアをメインに、シルバーと白で色を統一。白のテーブルクロスとシルバーウェアの組み合わせは、フォーマルスタイルとも同じで、すっきりと上品にまとまります。

Table wear
**シンプルなテーブルには
上質なものを**

シルバーウェアには重みと輝きがありますから、食器もそれにふさわしいものを合わせると品よくまとまります。プレートは王室御用達の宝飾ブランド、ガラードのもの。グラスも煌めきが美しいウォーターフォードのクリスタルを合わせました。

お祝いのシーンをイメージした、2人用のシャンパンのテーブル。フードには、ちょっと贅沢にキャビアを用意しました。キャビアに合わせる食べ物は、ブリニというそば粉入りの小さなパンケーキが定番ですが、ここではイギリス風にスコーンズを。フォーマルやセミフォーマルのおもてなしでは、食べ物の組み合わせにも決まりごとがありますが、カジュアルな席では意外な組み合わせにするのも、サプライズの一つ。チーズ風味の甘くないスコーンズはキャビアにもよく合います。アフタヌーンティーよりはワインを、という方には、こんなおもてなしはいかがでしょうか。

Table for champagne
シャンパンのテーブル

Sweets

キャビアに合わせた
スコーンズでひねりを

イギリスでは、シャンパンに甘いものを合わせることもあるので、シャンパンとスコーンズ、キャビアという組み合わせを考えました。キャビアと一緒に召し上がれるように、甘くないチーズ風味とシナモン風味のスコーンズに。

Table flowers

白×グリーンは
モダンなテーブルの定番

テーブルフラワーは白のアマリリスにフレッシュグリーンのアンスリウム、テマリソウを合わせて。白とグリーンのアレンジメントは、モダンデザインに合わせやすい組み合わせの一つ。グリーンの色にバリエーションをもたせるとおしゃれ。

Column

シャンパンをいちばん飲んでいる国はどこ？

シャンパンは、フランスのシャンパーニュ地方で
伝統の決まった製法でつくられている発泡性のワインだけに与えられる呼び名です。
その他の地域でつくられている発泡性ワインは、
すべてスパークリングワインとされています（各国で呼び名がありますが）。

当然、フランスで飲まれている飲み物というイメージがありますが、
実は、世界一シャンパンを飲んでいるのはイギリス人です。

イギリスは長くワイン産地を持たない国でしたが（現在は生産しています）、
王室や上流階級の正餐では、フランスのワインを飲んでいました。
そのため、ワイン商がたいへん発達しており、
ワインの格付けや取り引きについては、実はロンドンを中心に行われてきました。

いまでもイギリス人は、
ちょっとしたお祝いにシャンパンで乾杯するのが好きです。
ホテルのアフタヌーンティーも、
シャンパンのグラスでスタートすることが増えています。

シャンパンがないと優雅なアフタヌーンティーの気分が出ないかも、と
いまでは感じてしまうほど。
シャンパンがないと、ただのティーになってしまいますものね。

How to plan a table design

テーブルデザインのプランニング

実際にテーブルデザインをプランするときは
どういった手順で進めるのか、
7つのステップでご紹介しましょう。
ステップが同時に進行することもありますので
慣れてきたら、ご自身のやりやすい手順で進めてください。
デザインをより洗練させる
4つのポイントもお伝えします。

Step 1 | セミフォーマルか、カジュアルか おもてなしのスタイルを決める

フルセットの食器を使ったセミフォーマルのアフタヌーンティー。

コーヒーテーブルでくつろぐ、ビュッフェ式のアフタヌーンティー。

セミフォーマルのおもてなしは、コースのお料理が基本。カトラリーもフルでセット（左）。カジュアルなテーブルなら、カトラリーをプレートの上にセットしてもOK（右）。

お客様の好みに合わせて決める

おもてなしは、お客様にくつろいで楽しんでいただくことがいちばん重要です。少しあらたまった感じがよいのか、それともカジュアルにくつろぐのがお好きなのか、お客様によって好みはそれぞれ。その方がお好きな過ごし方、空間、雰囲気を把握して、セミフォーマルかカジュアルか、おもてなしのスタイルをまず決めるようにします。お客様のことをよく知るには、実はご招待を受けるのがよい方法です。私は長年のおもてなしの経験から、ご招待を受けたときにそのお宅のインテリアやおもてなしのスタイル、趣味などの手がかりを得て、その方が喜んでくださるテーブルデザインを考えるようにしています。

Step 2 | 空間のどの色、どの光を使うか？
テーマカラーを決める

インテリアには色を氾濫させない

　テーマカラーを決めるときは、その空間全体の色と光を見ます。空間には、家具、カーテン、壁紙、カーペットなどの色があり、そこに差す光にも、質感やテイストが必ずあります。テーブルはその空間と光を背景にするので、そこに合う色から選ぶのが基本です。

　たとえば、右の写真のように、白い空間に差し込む光をキーにまとめる（P58のクリスマスのテーブル）、下の写真のように強い光にアジアのイメージを重ねる（P76のアジアンリゾート）、右ページ下の写真のように、やわらかい光にやさしい色を合わせる（P80のフレンチカントリー）など、どの色と光を合わせるかは、そのときの季節やテーマしだい。ポイントは、テーマカラーを決めたら、色を色調まできちんと揃えることと、たくさんの色を使いすぎないことです。

白い空間に差す明るい光と、カーテンのシルバーをテーマカラーに、白とシルバーで統一。

カーテンのグリーンに合わせて、東南アジアを感じさせるシャイニーなグリーンをテーマカラーに。差し色は黒。

Step **3** | 空間演出のテーマを決めて、ストーリーをつくる

物語のある空間でワクワク感を

　おもてなしのテーブルデザインには、お客様を楽しませる要素が不可欠です。テーブルのテーマカラーを決めると同時に、空間演出のテーマも決めましょう。テーマに沿って物語性を加えていくと、ひと目見ただけでシーンに入り込んでいくような空間ができます。たとえば、写真右は「お正月のお茶会」(P64)がテーマのテーブルですが、テーマカラーは漆塗りのたんすから黒と決め、漆を使ったモダンジャパネスクを演出のテーマにしました。伝統的な和とも違う雰囲気が伝わります。写真下のテーブルは「フレンチカントリー」(P80)がテーマなので、田舎の家の大きなキッチンのような雰囲気づくりをしました。テーマがあると、どんな雰囲気のシーンをつくればいいかが明確になります。お客様の驚く顔を思い浮かべて、楽しくストーリーを考えましょう。

アンティークの燭台や漆器にモダンなテーブルフラワーを合わせ、モダンさを印象づけて。

フレンチスタイルの家具やカントリー調の色使いで、まるで田舎家を訪れたような気分に。テーブル以外のディスプレイも雰囲気づくりに一役買っています。

101

Step 4 | テーマをもとに、食器、リネン、テーブルフラワーを決定する

色を揃えながら、ひねりも加えて

　テーマカラー、空間演出のテーマが決まったら、テーブルウェア、テーブルクロスなどのリネン類、テーブルフラワーを考えます。色の組み合わせ方は、テーマカラーをどのアイテムに使うのかによって決まってきます。たとえば、テーマカラーを食器に使う場合は、テーブルクロスは引き立てる色に。逆に、面積の広いテーブルクロスにテーマカラーをもってきて、食器は差し色にすることも。テーブルの中央には、植物の生き生きとした気を加えたいので、生花を飾るようにしています。テーブルフラワーのデザインには大きく分けて伝統的なデザインと、モダンなデザインがありますが、私は、どちらかのスタイルでテーブルを統一するよりは、ツイスト（ひねり）を加えるコーディネートが好み。テーブルフラワーのデザインは、そのバランスを考えて選んでいます。

テーマのグリーンに合わせて食器はワイルドストロベリー、キャンドルや花も同じ色に。

フラワーアレンジをテーマカラーでまとめたテーブル。キャンドルや小物にもリピートして。

センターピースの役割と演出のポイント

　テーブルの中央に飾るものをセンターピースと呼び、陶製のフィギュアや陶花を飾ることもあります。飾り方のポイントは、向かい合う人の目線を遮らない高さにすること。高低差をつけることもありますが、会話の邪魔にならないようにするのが原則。香りの強い花、ポトッと落ちる花も避けるようにします。

ダイヤモンド形（左）やラウンド形（上）も、イギリスの伝統的な形。視線を遮らないように、低めに仕上げることが多い。

伝統的なセンターピースのデザイン

　イギリスには、センターピースのフラワーアレンジの伝統的なデザインがあります。写真上のようにテーブルの形に合わせた横長のオーバル形やダイヤモンド形、写真右上のようなラウンド形など幾何学的な形に仕立てます。フォリッジ（葉）をたくさん使うのも特徴の一つ。クラシカルな雰囲気になります。

人気のボックスアレンジ（左）は、絵を描くようにデザイン。大きな花をまとめ、茎を葉でくるんで隠すと、ぐっと洗練された雰囲気に（右）。

モダンなセンターピースのデザイン

　フォルムを重視するイギリスの伝統的なスタイルに比べると、モダンなデザインは形がずっと自由で、高さのあるデザインにすることもあります。花だけを集めるすっきりしたデザインが多く、イギリスほど葉を使わないのが特徴。茎を見せないのがポイントなので、花器を大きな葉で巻いたりします。

Step 5 | ナプキンの色、畳み方を決定する

ナプキンの畳み方でアクセントを

テーブルのセッティングの最後に決めるのが、ナプキンの畳み方です。何百とおりもの畳み方があるので、テーブルのアクセントとして使います。テーブル全体を見て、高さを出したり、ふわっとさせたり、シャープに見せたり、とバランスを整える役目もします。

クラウン形のナプキンの畳み方

ナプキンの畳み方の基本の一つです。簡単で見栄えがよく、いろんなデザインにも合わせやすいので、最初に覚えるのにおすすめの畳み方です。

1 上を輪にして横半分に畳む。

2 写真のように左右の端を折る。

3 裏返して写真のように置く。

4 写真のように底辺を上に折りあげる。

5 ひっくり返して、2つ山が出るようにする。

6 左端を手前に折り返し、中に入れる。

7

8

裏返し(7)て、同様に左端を折り、広げて立たせる。

キャンドル形の
ナプキンの畳み方

シンプルで高さを演出できるナプキンの畳み方です。クラシカルなデザインにも、モダンなデザインにもよく合います。畳み方も簡単です。

1 対角線で斜め半分に折る。

2 底辺を2cmくらい折り返す。

3 そのまま裏返す。

4 手前からくるくると巻いていく。

5 巻き終わりのところを三角に折り上げる。

6 折り上げた端を中に入れて留める。

ウサギの顔の
ナプキンの畳み方

ナプキンの畳んだ端が耳のように見える可愛いデザインです。厚手のナプキンだと畳みにくいので、薄手のものを使うのがおすすめです。

1 横半分の折り目に向かって上下から畳む。

2 下を輪にして、さらに2つ折りにする。

3 写真のように左右の端を折り下げる。

4 下辺の両隅を中央に向かって折り上げる。

5 左右の下辺を中央の縦の線に合わせるようにそれぞれ折る。

6 天地をひっくり返して裏返す。

7 下半分を上に折り上げる。

8 左右の端を裏に回し、一方の端をもう片方に折りこんで留める。

105

Step 6 | お料理、お菓子を決定する

イギリスのクリスマスには欠かせないローストチキン（左）と、フレンチ風のテーブルに用意したキッシュ（右）。誰もが期待する定番メニューやテーマにふさわしい料理は、お客様に安心して楽しんでいただけます。

シャンパンのテーブルに用意したのは、キャビアとチーズ風味のスコーンズ（左）。意外性のある取り合わせで、サプライズ！　北欧風のクリスマスをテーマにしたテーブルでは、スウェーデンのケーキを（右）。なじみのない国の料理も、食卓の話題になってくれます。

お客様の好みとテーマからプラン

　セミフォーマルのおもてなしでは、スターター（前菜）、メイン料理、デザートの3コースを用意します。カジュアルな席では、コース仕立てにする必要はありません。どんなおもてなしのときも、お招きするときに、一言、食材について伺うようにしましょう。苦手な食材があったり、宗教上の禁忌があるお客様もいますし、ベジタリアンの方もふえています。お料理も、テーブルのストーリーやサプライズになる要素ですから、テーマに合う国の名物を取り入れたり、ちょっと珍しいお菓子を用意したり、ここも想像力の発揮のしどころです。お客様の好みを考えつつ、心に残るような工夫をしましょう。

Step **7** | わくわくする演出、サプライズを加える

小さな遊び心でおもてなし

　テーブルデザインの仕上げに必要なのは、やはりお客様の喜ぶ笑顔です。テーブルの上に置く小物やディスプレイに遊び心を加えて、お客様の目が輝き、顔がほころぶところを見たいですね。たとえば、写真右の「ブルーフラワーのテーブル」（P14）では、アンティークのソルト＆ペッパーを使いました。ヨーロッパの文化に関心のある方なら、興味を持たれるかもしれません。写真左下のカジュアルなクリスマスのデザイン（P58）では雪の結晶のオーナメントを、写真右下の「グルメメゾン」のテーブル（P36）では香水瓶のような容器のオイル＆ビネガーを用意しました。こんなプラスαが、楽しいひとときをつくってくれます。

貴族の正餐では、銘々にソルト＆ペッパーが用意されるのが習わしでした。アンティークが好きな人には、とてもうれしいサプライズ。

100円ショップで買えるようなオーナメントでも、テーマを盛り上げる演出に十分使えます（左）。シャネルNo.5の香水瓶風調味料。フレンチのテーブルならではの遊び心です（右）。

Point | デザインをお洒落にまとめるポイント

テーブルデザインにおいて最も大切なことは空間全体のコーディネートですが、ここでは、より洗練された、お洒落なテーブルに見せるポイントを4つ、ご紹介します。実践してみると、お客様の印象に残るテーブルデザインになるテクニックです。ぜひ、あなたのおもてなしのテーブルにも取り入れてみてください。

高さがあるほどモダンな印象に。花も高い位置にアレンジして、いっそう華やかに。

テーブルフラワーを大小用意して高低差をつけたクリスマスのテーブル。スタンドを使っています。

大ぶりのキャンドルスタンドは、イギリスで購入したもの。

高低差をつける

　テーブルは平たんになりがちなので、キャンドルスタンドやフラワーアレンジなどで高低差をつけると、ドラマティックで華やかな印象になります。ケーキスタンドやコンポートなども使えるアイテムです。お食事をするときに、向かい合った人の顔が見える程度の演出にすることを忘れずに。

小物はペア（2つ1組）で使う

テーブルの上に飾るオブジェやキャンドルスタンドは、左右対称に2つ1組で置くと、バランスが取りやすく、美しく見えます。ヨーロッパの美意識は、シンメトリー（左右対称）が基本。写真のブッダのオブジェのように、まったく同じものを揃えなくても大丈夫。2つを対にして飾るとこなれた感じになります。

ヨーロッパ人がアートとして好むブッダのオブジェ。テーブル奥にも小さなオブジェが飾られています。

キャンドルは左右対称にするのが、基本の置き方です。キャンドルスタンドはペアで揃えておくとよいでしょう。

本物のキャンドルにLEDが組み込まれた照明は便利（左）。実用ではティーライトキャンドルがおすすめ（右）。

キャンドルの光を使う

ゆらめく光があるだけでリラックス効果がアップ。テーブルの必需品は、キャンドルの光です。モダンなデザインでは太いキャンドルを使うのが流行していますが、必ずしも背の高いキャンドルを灯す必要はないと思います。扱いやすいティーライトキャンドルを、たくさん並べるのも素敵です。

キャンドル風LEDライトとティーライトキャンドルを組み合わせたテーブル。

細いキャンドルはクラシカルな印象。キャンドルはいつも新しいものを用意するので、使いきれないことも。

赤のテーマカラーに合わせて、暖色を使ったモダンな抽象画を壁に飾っています。

同じ空間でも、シックな濃紺のテーブルにはモノトーンのアートを合わせます。

春のビュッフェテーブルにはスコットランドの風景画を合わせて。私のお気に入りのアートは、実は日本画です。

アートもコーディネート

　テーブルデザインはインテリアの一部というのが、私の持論ですが、インテリアに欠かせないものにアートがあります。イギリス人は、お招きを受けたらまずその家のアートの話からするというくらい、アートを大事にします。テーブルに合わせてアートを掛けかえる楽しみも、ぜひ味わってください。

マユミ・チャップマン

テーブルマナー講師、テーブルデコレーター、フローラルデザイナー。イギリスの全寮制フィニッシングスクールを卒業。フラワーデザインのディプロマ、ペイストリーデザインのグランドディプロマを取得し、ロンドンにてフィニッシングスクールを設立。約10年間、テーブルマナー&デザイン、フラワーデザインなどを教授。2013年春に、東京で「イングリッシュガーデンサロン」を開講。
http://www.englishgardensalon.com/

編集・構成	藤岡信代
デザイン	草薙伸行／蛭田典子（PLANET PLAN DESIGN WORKS）
撮影	中川真理子
撮影協力	Perry Wells ／ Brett Sinclair ／黒田 かほる
アシスタント	藤木もも

Noble Table Design

貴族もおもてなしできる
英国スタイルの
テーブルコーディネート

2015年5月31日［初版第1刷発行］
2020年6月21日［初版第2刷発行］

著者	マユミ・チャップマン
	© Mayumi Chapman 2015, Printed in Japan
発行者	松原淑子
発行所	清流出版株式会社
	〒101-0051
	東京都千代田区神田神保町 3-7-1
電話	03-3288-5405
	http://www.seiryupub.co.jp/
印刷・製本	図書印刷株式会社

乱丁・落丁本はお取り替えいたします。
ISBN 978-4-86029-430-4

本書のコピー、スキャン、デジタル化などの無断複製は著作権法上での例外を除き禁じられています。本書を代行業者などの第三者に依頼してスキャンやデジタル化をすることは、個人や家庭内の利用であっても認められていません。